Copyright © Emergence Productions
geraldvignaud.com
Version 2.5

Design : Elodie Su
Crédit photo : Wolfgang Hasselmann

Édition : BoD · Books on Demand, 31 avenue Saint-Rémy,
57600 Forbach, bod@bod.fr
Impression : Libri Plureos GmbH, Friedensallee 273,
22763 Hamburg (Allemagne)

ISBN : 978-2-3222-5281-7
Dépôt légal : Novembre 2020

Gérald Vignaud

T'as un problème ?

———

7 étapes pour résoudre efficacement ton plus gros challenge

Avant-propos

J'ai écrit ce livre dans la continuité de mes activités. Il a pour vocation de te partager une méthodologie efficace pour résoudre tes problèmes et amener ainsi ta vie dans une dimension nouvelle. Comme tu le découvriras, je pose de nombreuses questions auxquelles je t'invite à réfléchir et à répondre en toute sincérité. Aussi, concernant l'utilisation de ce livre, n'hésite pas à casser les règles et lis-le avec un stylo à portée de main. Écris directement dessus tes réponses aux questions des exercices proposés. Notes-y dans les marges et sur les pages blanches toutes les idées et les réflexions qui te viennent. Surligne en fluo les passages et les citations qui te parlent, corne les pages et n'aie surtout pas peur de l'abîmer. Ne perds jamais de vue qu'un livre défoncé dont tu as puisé et intégré toutes les idées possède dix mille fois plus de valeur qu'un livre jamais ouvert et sagement rangé pendant des années sur une étagère poussiéreuse.

Aussi, sache que ton feedback et tes idées sont pour moi essentiels. Ils m'aident à me remettre sans cesse en question et à m'améliorer en permanence dans ce que je fais depuis 20 ans. À l'heure de l'Internet et de la communication horizontale, lire un livre sans pouvoir communiquer avec son auteur me semble être, de mon point de vue, une incohérence. Brisons donc ensemble ce schéma traditionnel et donnons-nous la possibilité de se contacter si nécessaire (je te propose d'ailleurs que l'on se tutoie).

J'ai le désir de rencontrer virtuellement chaque lecteur de mon livre qui le souhaite. Pour cela, j'ai mis en place un formulaire de contact gratuit et privé sur mon site à l'adresse suivante :

geraldvignaud.com/livre-contact

N'hésite pas à t'y rendre pour me partager tes résultats suite à la mise en application de ce processus de résolution de problème. Je lis personnellement tous les messages et j'essaie d'y répondre le plus souvent possible.

Tu peux aussi me retrouver sur les réseaux sociaux :

Ainsi que sur mon site web :

geraldvignaud.com

À bientôt,

Amicalement,

Gérald Vignaud

Sommaire

Introduction.. 11
Les différents types de problèmes

Chapitre 1.. 21
1ère étape : Comprends que ton problème est un cadeau !

Chapitre 2.. 31
2ème étape : Adopte la physionomie et l'état d'esprit adéquats pour sa résolution

Chapitre 3.. 39
3ème étape : Analyse la situation d'un point de vue extérieur, positif, émotionnellement détaché et global

Chapitre 4.. 47
4ème étape : Commence la conceptualisation de ton processus de résolution de problème

Chapitre 5.. 65
5ème étape : Passe à l'action de manière massive !

Chapitre 6.. 73
6ème étape : Identifie les résultats obtenus et ajuste en permanence ton approche jusqu'à obtenir les résultats recherchés

Chapitre 7.. 83
7ème étape : Accueille avec bonheur tes succès mais accepte aussi ce qui ne peut pas être changé en utilisant l'émotion engendrée comme un levier pour ta vie

Du même auteur.. 88

Introduction

Les différents types de problèmes

« Les plus grandes histoires de succès sont celles de personnes qui, ayant reconnu un problème, l'ont transformé en une opportunité. »

Joseph Sugarman

Alors qu'elle est assaillie par ses problèmes quotidiens, une jeune femme vient trouver refuge chez ses parents en espérant y trouver du réconfort. À peine arrivée, c'est avec les larmes aux yeux qu'elle s'effondre dans les bras de sa mère. En sanglot, elle lui explique qu'elle ne supporte plus sa vie remplie de problèmes qu'elle est fatiguée de gérer en permanence. À peine en règle-t-elle un, qu'un nouveau encore plus compliqué apparaît… Elle en a marre et veut tout laisser tomber.

Sans rien dire, sa Maman lui prend la main et l'amène dans la cuisine. Elle prend trois casseroles, les remplit d'eau et les positionne sur les plaques chauffantes qu'elle allume. Une fois que l'eau se met à bouillir, elle place dans la première casserole des carottes. Dans la deuxième un œuf et dans la troisième quelques cuillères de café moulu. Toujours sans rien dire, elle laisse bouillir. 15 minutes plus tard, elle sort les carottes qu'elle met dans une assiette, l'œuf qu'elle met dans un bol et le café qu'elle verse dans une tasse.

- Que vois-tu ? demande-t-elle à sa fille.

- Des carottes, un œuf et du café ! lui répond-elle.

La mère lui demande de se rapprocher et de toucher les carottes devenues toutes molles. Elle lui demande ensuite de prendre l'œuf devenu dur et d'en briser la coquille. Et enfin elle lui tend la tasse et lui demande de goûter au café.

- Que veux-tu me dire par là Maman ? lui demande-t-elle.

- Regarde ma fille, chacun de ces trois éléments ont fait face à la même eau bouillante, mais chacun d'entre eux a réagi différemment. La carotte y est rentrée toute dure et solide mais en est ressortie toute ramollie et faible. L'œuf quant à lui était tout liquide à l'intérieur, mais l'épreuve de l'eau bouillante l'a rendu tout dur. Et le café moulu quant à lui a transformé l'eau bouillante en une boisson très agréable.

Elle regarde alors son enfant avec un regard profond et plein d'amour.

- Ma fille, lui dit-elle, comment réagis-tu face à l'adversité ? Es-tu une carotte qui semble forte en apparence mais qui face aux problèmes devient toute molle ? Es-tu un œuf qui s'endurcit grâce aux problèmes qu'il affronte ? Ou alors es-tu ce café qui transforme le problème en opportunité ?

Il existe dans la vie quelque chose qui touche absolument tout le monde : les problèmes que l'on rencontre. Et, mis à part les histoires de baignoires qui fuient et se remplissent en même temps que nous propose la maîtresse de CM2, ce n'est malheureusement pas à l'école que l'on apprend cet élément pourtant fondamental de toute vie : comment résoudre efficacement un problème. C'est de ce sujet que je voudrais te parler ici.

Mais avant toute chose, il faut comprendre ce qu'est réellement un problème, quels en sont les différents types et quels impacts ils peuvent avoir sur ta vie.

C'est un fait : d'une manière quasi générale, les gens n'aiment pas avoir de problèmes. Mais la chose intéressante, si on pousse l'analyse un peu plus loin, c'est que les seules personnes qui n'ont pas de problème sont dans un cimetière. En fait, ce que je veux dire par là, c'est que tant que tu es vivant, c'est mathématique : tu expérimentes imparablement des problèmes.

Le but n'est alors pas seulement de savoir comment les résoudre mais de déterminer quelles en sont leurs origines afin d'agir en conséquence pour faire en sorte qu'ils ne se renouvellent pas.

Il existe trois types de problèmes :

- <u>Les problèmes courants et normaux :</u> Les problèmes courants et normaux sont ceux qui arrivent régulièrement et auxquels tu fais face aisément. Ils arrivent dans ta vie, tu les analyses, tu les résous, tu en tires les leçons et tu les oublies. Attends-toi à faire face à ce type de problèmes très régulièrement car ils sont indissociables de la vie et te permettent de la faire évoluer.

- <u>Les problèmes anormaux :</u> Les problèmes anormaux sont ceux que tu penses avoir résolus mais qui, structurellement, sont encore présents en toi. En d'autres termes, tu as solutionné la conséquence (le problème) mais pas la source (la structure même de ton fonctionnement ou de ton environnement qui a créé le problème) ce qui fait sans cesse réapparaître ces problèmes dans ta vie sous une nouvelle forme. Les problèmes anormaux sont toxiques car ils peuvent t'enfermer dans un certain stade de ta vie et en bloquer son développement.

- <u>Les problèmes pathologiques :</u> Les problèmes pathologiques sont des problèmes anormaux chroniques qui, là aussi, reviennent encore et encore mais qui eux peuvent avoir des conséquences extrêmement graves sur ta vie. Si ces problèmes ne sont pas détectés et traités, cela peut avoir des conséquences très lourdes. Les problèmes pathologiques peuvent transformer ta vie en un échec physique, émotionnel et financier complet. Ils peuvent même te menacer jusqu'à ta simple survie.

Quelle que soit la catégorie à laquelle ils appartiennent, et afin de t'aider à les résoudre, j'ai conceptualisé spécialement pour toi, un processus de résolution de problème. Il se décompose en sept étapes.

- 1ère étape : Comprends que ton problème est un cadeau !

- 2ème étape : Adopte la physionomie et l'état d'esprit adéquats pour sa résolution

- 3ème étape : Analyse la situation d'un point de vue extérieur, positif, émotionnellement détaché et global

- 4ème étape : Commence la conceptualisation de ton processus de résolution de problème

- 5ème étape : Passe à l'action de manière massive !

- 6ème étape : Identifie les résultats obtenus et ajuste en permanence ton approche jusqu'à obtenir les résultats recherchés

- 7ème étape : Accueille avec bonheur tes succès mais accepte aussi ce qui ne peut pas être changé en utilisant l'émotion engendrée comme un levier pour ta vie

Maintenant, est-ce que ce processus de résolution de problème est parfait ? Non. Est-ce qu'il fonctionne à 100% sur tous les types de problèmes ? Probablement pas.

Par contre, je te garantis deux choses : d'une part, il va te permettre de résoudre la plupart d'entre eux et, d'autre part, il t'apportera une approche nouvelle et constructive à chacune de tes problématiques les plus complexes et/ou insolubles. Et afin de valider son efficacité, je te propose aujourd'hui de tester ce processus de résolution sur ton plus gros problème actuel. Pour commencer, pose-toi les bonnes questions et prends le temps d'y répondre par écrit :

Quel est exactement mon plus gros problème actuel ? Comment le définirais-je ?

_____
_____
_____
_____
_____
_____
_____

Quels sont les différents facteurs de mon problème ? Quels en sont la source, la nature, les causes, les défis, les inconnues, les enjeux et les conséquences ?

_____
_____
_____
_____
_____
_____
_____
_____

Pourquoi est-ce un problème ?

_____
_____
_____
_____
_____
_____

Quel type de problème est-ce ? Est-il normal, anormal ou pathologique ? Pourquoi ?

_____
_____
_____
_____
_____
_____

Dans quel état émotionnel ce problème me met-il ? Pourquoi ?

_____
_____
_____
_____
_____
_____
_____
_____
_____

Cet état émotionnel est-il favorable à la résolution de mon problème ou pas ? Pourquoi ?

_____
_____
_____
_____
_____
_____
_____
_____
_____
_____

Quelles seraient les différentes évolutions possibles pour que je considère que mon problème soit résolu ?

_____
_____
_____
_____
_____
_____
_____
_____
_____
_____
_____
_____
_____
_____
_____
_____
_____
_____

« Un problème bien posé est un problème à moitié résolu. »

Henri Poincaré

Chapitre 1

1ère étape : Comprends que ton problème est un cadeau !

1ère étape : Comprends que ton problème est un cadeau !

« Comprendre que ton problème est un cadeau ! », voici donc la première étape de notre processus de résolution de problème.

Je m'explique : en répondant aux questions posées plus haut, tu as identifié quel était ton plus gros problème. Top. Mais maintenant, je vais te dire la vérité, à toi de savoir l'entendre :

Tu penses que c'est ton plus gros problème ? C'est faux ! Je vais te dire : ton plus gros problème n'est pas ce problème, ton plus gros problème est que tu crois que c'est un problème !

Les problèmes sont un cadeau et tu dois les utiliser pour emmener ta vie à un niveau supérieur. Car pour grandir et avancer dans la vie, il faut des adversaires : ça en fait partie ! Sans adversaires, sans opposants, il ne peut pas y avoir de croissance personnelle. Si tu arrives à tes objectifs sans lutter, non seulement ce n'est pas marrant, mais en plus tu n'apprends pas !

Et le schéma est toujours le même : le déroulement pour traverser un problème se décompose toujours en sept éléments. Sept composantes qui suivent une chronologie précise.

1/ Le désir
2/ Le problème
3/ L'adversaire
4/ Le plan
5/ Le combat
6/ L'autorévélation
7/ Le nouvel équilibre

1/ <u>Le désir</u> : Au commencement, tu es là, dans ta vie, à l'équilibre. Tout est stable et, consciemment ou pas, tu désires plus.

2/ <u>Le problème :</u> Et là, à un moment donné, sous une forme ou sous une autre, surgit un problème.

3/ <u>L'adversaire :</u> Et accompagné de ce problème se dresse - toujours- un adversaire. Un opposant qui peut prendre trois formes différentes :

- Un adversaire **externe** : Il s'agit d'une personne que tu ne connais pas, extérieure à ta vie, et qui la percute plus ou moins violemment.

- Un adversaire **interne** : Il s'agit de quelqu'un de proche que tu connais bien -voire très très bien- et qui s'oppose à toi.

- Un adversaire **intime** : Il s'agit de l'un de tes fantômes, une partie de toi-même mal programmée qui agit à l'encontre de tes intérêts. Cet adversaire intime peut prendre une multitude de formes : une peur enfouie et incontrôlée qui ressurgit, un manque de force ou de courage ou encore cette autre partie de toi qui ressort, reprend le contrôle et sabote tout…

4/ <u>Le plan :</u> Passé les premiers moments où tu n'arrives à rien faire d'autre que de réaliser la situation et de tenter d'encaisser comme tu peux le choc, vient le temps de la réaction avec l'élaboration d'un plan pour contrer cet opposant.

5/ <u>Le combat :</u> Le combat sera la mise en application du plan élaboré. Mais à la théorie, se mêlera la réalité du terrain et, imparablement, des choses inattendues adviendront et complexifieront la situation. Parfois même, ce sera pire car absolument rien ne se passera comme prévu. Un moment de perte d'espoir et une envie de tout abandonner surviennent d'ailleurs généralement à ce moment-là. Une séquence entièrement normale, un ou plusieurs moments de découragement faisant le plus souvent partie du déroulement classique d'un combat.

6/ L'autorévélation : Puis vient le moment du déclic, ce moment où tu te reprends en main et où la roue tourne (dans cet ordre ou dans l'ordre opposé, l'Univers ne nous laissant jamais tomber). Tu reprends alors le dessus sur la situation et tu accèdes au niveau supérieur, ce niveau qui te permet de triompher de ton adversaire, qu'il soit externe, interne ou intime…

Une autorévélation est un déclic qui transforme ta manière de penser et d'agir et dont les conséquences peuvent prendre plusieurs formes : de nouvelles croyances, de nouvelles valeurs, de nouvelles compétences ou encore de nouveaux traits de caractère comme par exemple un niveau plus profond de détermination, de courage, de foi, d'honnêteté… etc.

7/ Le nouvel équilibre : Ayant triomphé de la situation, ta vie revient ainsi à l'équilibre, comme auparavant, mais avec toutefois une différence notable : tu as agrandi ta zone de confort. Une zone de confort dont l'agrandissement est proportionnel à la difficulté du combat que tu viens de mener. Et tu vivras dans ce nouvel équilibre jusqu'à ce que ressurgisse un nouveau problème qui s'accompagnera d'un nouveau cycle de ces sept éléments. Et ainsi de suite…

Et même s'il peut exister quelques variantes, ce schéma est celui de toutes les histoires vécues, qu'elles soient petites ou grandes. Qu'elles soient passées, présentes ou futures.

Ce schéma en sept éléments est d'ailleurs tellement universel qu'il est repris dans tous les scénarios de films à succès. Prenons par exemple le film "La guerre des étoiles" et décortiquons-le :

- <u>Élément 1 - Le désir</u> : Au début du film, Luke Skywalker est dans l'élément 1 du cycle, celui du désir. Sa vie est à l'équilibre : il est fermier chez son oncle mais il rêve de plus et veut devenir pilote pour l'Alliance rebelle. Mais son oncle le freine et lui donne le prétexte des récoltes à venir pour qu'il reste à la ferme avec lui.

- <u>Élément 2 - Le problème :</u> C'est par l'intermédiaire des deux droïdes porteurs du message de Leïla pour Obi-Wan Kenobi que le problème arrive pour Luke. L'Empire qui poursuit les droïdes extermine sa famille et le pousse à partir affronter au côté d'Obi-Wan Kenobi, son nouvel adversaire (l'Empire).

- <u>Élément 3 - L'adversaire :</u> Dans "La guerre des étoiles", le premier opus de la Saga, l'adversaire de Luke est externe : Il s'agit de l'Empire représenté par l'Étoile noire et Dark Vador.

  Petite parenthèse : il est intéressant de voir l'évolution de l'adversaire de Luke au cours de la première trilogie. Externe (l'Empire, représenté par l'Étoile noire et Dark Vador) dans "La guerre des étoiles", son adversaire devient aussi interne lorsque, dans "L'Empire contre-attaque", il apprend son lien de parenté avec Dark Vador. Il devient ensuite intime lorsque, dans "Le retour du Jedi", il mène ce combat contre lui-même pour ne pas tomber du côté obscur de la Force.

- **Élément 4 - Le plan :** Avec les rebelles, il élabore le plan pour combattre et détruire son adversaire, l'arme principale de l'Empire : l'Étoile noire.

- **Élément 5 - Le combat :** Le combat s'engage. Tous les vaisseaux de l'Alliance rebelle attaquent l'Étoile noire. Mais rien ne se passe comme prévu : ils manquent leur cible et l'Empire riposte en envoyant des chasseurs contre-attaquer.

  On est proche de la fin : tous les vaisseaux rebelles censés détruire l'Étoile noire se font descendre les uns après les autres par les chasseurs de l'Empire et l'Étoile noire se prépare à tirer sur la base rebelle, ce qui aura pour conséquence d'en exterminer définitivement tous ses membres. Dark Vador en personne pilote un chasseur qui poursuit et détruit méthodiquement un à un les derniers X-wing rebelles. Le vaisseau de Luke étant le dernier encore en place, il devient de facto le dernier espoir. Un maigre espoir qui est à deux doigts de se faire shooter par un Dark Vador habile et déterminé…

- **Élément 6 - L'autorévélation :** Luke possède une minuscule et unique chance de lancer son missile et de détruire l'Étoile noire. C'est à ce moment-là que se produit l'autorévélation ! Ou plutôt une double autorévélation : Celle de Han Solo d'abord qui avait initialement décidé de partir avec l'argent et qui a finalement changé d'avis pour revenir aider Luke dans la bataille, une aide cruciale. Et bien sûr, celle de Luke lui-même qui, contre toute attente, débranche son ordinateur de bord et décide de faire confiance à la Force. Durant ce moment décisif, il reste ultra concentré, tire son missile au bon moment et détruit l'Étoile noire !

- Élément 7 - Le nouvel équilibre : Suite à sa victoire, Luke trouve un nouvel équilibre où il s'épanouit à un niveau supérieur. Et, symbole de ce nouvel équilibre, la scène de la bataille finale se termine sur ce message qu'il reçoit en songe de son mentor Obi-Wan Kenobi : « *Souviens-toi Luke, la Force est avec toi à tout jamais !* »

Un nouvel équilibre qui sera bien sûr bouleversé dans les films suivants. De nouveaux problèmes surgiront et s'accompagneront de nouveaux adversaires entraînant ainsi le cycle sans fin de ces sept éléments qui feront grandir Luke toujours plus au cours de son épopée…

Et que ce soit dans la fiction ou dans la vie réelle, c'est toujours la même chose : l'ingrédient principal de l'histoire, c'est la faiblesse du héros. C'est la source principale de toute l'aventure, de voir comment le personnage central -c'est-à-dire toi- va résoudre ce défaut de caractère qu'il a au début de l'histoire.

La moralité de tout ça ? Pour grandir, il faut avoir un problème ! Et j'irai même plus loin en disant que la qualité de ta vie est en proportion directe avec ta capacité à vivre avec l'insécurité, ta capacité à encaisser les problèmes. Quoique tu en penses, ton plus gros problème d'aujourd'hui, quel qu'il soit, possède un ou plusieurs cadeaux cachés et tu dois le voir comme tel.

Là encore, pose-toi les bonnes questions : Qu'est-ce qu'il y a de positif dans ma problématique actuelle ainsi que dans ses conséquences ? Quels en sont les cadeaux cachés ? Pourquoi ? Prends le temps d'y réfléchir et mets toutes tes réponses par écrit.

_____
_____
_____
_____

« Derrière tout problème se cache un cadeau
qu'il faut savoir apprécier. »

Steve Lambert

Chapitre 2

2${}^{\text{ème}}$ étape : Adopte la physionomie et l'état d'esprit adéquats pour sa résolution

2ᵉᵐᵉ étape : Adopte la physionomie et l'état d'esprit adéquats pour sa résolution

J'ai une croyance personnelle très puissante. Une croyance qui me donne du pouvoir et que je t'invite à intégrer : dans la vie, il n'y a pas de victime, il n'y a que des volontaires !

J'entends par là que même si tu n'es pas tout le temps responsable des événements qui adviennent -même si malgré tout, directement ou indirectement, c'est très souvent le cas- tu es complètement en contrôle, et donc responsable, de la réaction que tu décides d'avoir face à eux.

Et puisque les problèmes sont un cadeau, je te propose de décider de les utiliser pour emmener ta vie à un autre niveau.

Mais tout d'abord, il va te falloir reprendre le contrôle de ta physionomie et de ton état d'esprit. Pour cela, trois choses :

- Ton focus

    o Ton focus, c'est ce vers quoi tu diriges tes pensées, et donc tes actions. C'est exactement comme lorsque tu conduis une voiture : elle se dirige là où se porte ton regard. Pour te diriger dans la bonne direction, décide donc de focaliser tes pensées dans la bonne direction !

- Ta communication avec toi-même

    o Lorsqu'une situation se pose en face de toi, une question comme « Qu'y a-t-il de positif dans cette situation ? » t'offrira beaucoup plus de pouvoir qu'une question de merde genre : « Pourquoi est-ce que ça tombe toujours sur moi ? ». Sélectionne donc avec sagesse les questions que tu te poses.

- o Chaque mot possède une définition ainsi qu'une charge émotionnelle -positive ou négative- qui lui est propre. L'émotion étant le levier qui te démultiplie ou qui, à l'inverse, te prive de ton pouvoir, décide d'utiliser un vocabulaire transformationnel. Par exemple :
    - Substitue le mot "problème" par un mot plus approprié, comme par exemple "challenge", "circonstance", "défi" ou encore "situation".
- o Remplace les phrases qui te dépriment par des phrases qui te donnent du pouvoir et te permettent de passer à l'action ! Un exemple concret :
    - Je suis pauvre > C'est une phrase déprimante qui te diminue ton pouvoir.
    - Je suis fauché > C'est mieux car plus neutre et temporel.
    - Il me reste encore 50 centimes sur mon compte > Les faits présentés de cette façon ne t'offre que des possibilités d'évolution. ☺

- Ta physionomie

  - o Si ton esprit influence ton corps, sache que la réciproque est vraie elle aussi ! En conséquence, décide de contrôler ta physionomie :

- Redresse les épaules et tiens-toi droit.
- Relève ton regard vers le haut.
- Respire profondément, par le bas du ventre.
- Souris à la vie et au monde !

Reprendre l'ascendant sur ton focus, ta communication interne et ta physionomie va te remettre aux commandes de ta vie et te donner les clefs pour pouvoir dominer ton problème.

Une fois que tu as repris le contrôle de toi-même, tu vas devoir ensuite te créer un levier émotionnel suffisamment puissant. Une force qui va venir de l'intérieur de toi et qui va te pousser et te motiver. Cette force, cela va être ton "Pourquoi", le "Pourquoi" ton problème doit absolument être résolu. Ton "Pourquoi" doit être très fortement chargé émotionnellement. <u>Il doit te prendre aux tripes et t'obséder jour et nuit</u>, littéralement.

Pour cela, commence par réfléchir à la raison fondamentale et émotionnellement très chargée pour laquelle ton problème <u>doit</u> absolument être résolu.

Réfléchis aux directions que va prendre ta vie si tu résous ce challenge. Quelles en seront les conséquences et les impacts positifs sur elle. Imagine quelles seront les nouvelles possibilités qui s'ouvriront à toi. Visualise et ressens en toi les émotions positives que tu vas expérimenter si tu réussis.

Et à l'inverse, interroge-toi aussi sur ce que va devenir ta vie et quels en seront les impacts négatifs si tu ne parviens pas à résoudre ton problème. Quelles seront les galères qui vont t'arriver ? Quels seront les calvaires que tu vas vivre ? Quels seront les niveaux d'angoisses et de douleurs que tu vas expérimenter ?

Visualise et ressens en toi toutes les douleurs et ces émotions négatives que tu vas traverser si tu échoues.

Qu'elles soient positives ou négatives, n'hésite pas à amplifier au maximum toutes ces émotions et sensations afin de les ancrer puissamment en toi. La science de la Programmation Neuro Linguistique (PNL) explique que de manière inconsciente, l'être humain agit en permanence pour se rapprocher du plaisir et s'éloigner de la douleur (il est d'ailleurs à noter, au passage, qu'il mettra beaucoup plus d'énergie à s'éloigner de la douleur qu'à se rapprocher du plaisir). Il s'agit donc ici de programmer ton système nerveux en lui intégrant ton "Pourquoi" afin de te conditionner à se diriger vers lui. D'où l'importance qu'il possède une charge émotionnelle très forte.

Comprends que si tu développes un "Pourquoi" suffisamment puissant, alors tu n'éprouveras aucune difficulté à trouver et à mettre en application un "Comment" qui viendra à toi de lui-même.

Quel est mon "Pourquoi", cette raison fondamentale et émotionnellement très chargée qui fait que je dois résoudre ce problème ? Pourquoi est-il si important pour moi ?

_____
_____
_____
_____
_____
_____
_____

Quelles directions va prendre ma vie si je résous ce challenge ? Quelles en seront les conséquences et les impacts positifs sur elle ? Quelles nouvelles possibilités s'ouvriront à moi ? Quelles seront les émotions positives que je vais ressentir ? Pourquoi ?

_____
_____
_____
_____
_____
_____
_____
_____
_____
_____
_____
_____
_____
_____
_____
_____
_____
_____
_____
_____
_____
_____
_____
_____
_____

À l'inverse, que va devenir ma vie et quels en seront les impacts négatifs si je ne parviens pas à le résoudre ? Quelles seront les galères qui vont m'arriver ? Quels seront les calvaires que je vais vivre ? Quels seront les niveaux d'angoisses et de douleurs que je vais expérimenter ?

_____
_____
_____
_____
_____
_____
_____
_____
_____
_____
_____
_____
_____
_____
_____

« L'état d'esprit représente les trois quarts de ce qui compte, il faut donc l'entretenir soigneusement si vous voulez faire quelque chose de grand et de durable. »

Paul Gauguin

Chapitre 3

3ème étape : Analyse la situation d'un point de vue extérieur, positif, émotionnellement détaché et global

3ème étape : Analyse la situation d'un point de vue extérieur, positif, émotionnellement détaché et global

Ça y est, tu sais que ton problème est un cadeau, tu t'es mis dans un état d'esprit, physique et émotionnel adapté pour le résoudre et tu possèdes un puissant "Pourquoi" en guise de moteur. Maintenant, il va te falloir l'analyser afin de le rediriger vers sa solution. Et pour que ton analyse soit efficace, il va te falloir prendre du recul sur la situation pour la voir d'un point de vue extérieur, positif, détaché et global.

Dissocie-toi émotionnellement de ton problème pour y poser un regard neutre et surtout fais la part des choses : ne confonds pas un problème qui, une fois résolu, sera oublié et enterré pour toujours (ce qui est le cas pour la plupart d'entre eux) avec une situation plus complexe voire insoluble et dont les conséquences seront encore visibles dans des années voire des décennies.

Analyser ton problème pour le rediriger vers sa solution va se faire en 3 phases :

Phase 1 : Sois objectif avec toi-même et vois les choses telles qu'elles sont réellement, et non pas pires qu'elles ne le sont, sans laisser ton émotionnel les aggraver artificiellement.

- Éveille ton esprit à la réalité de la situation. Vois les faits avec objectivité et tels qu'ils sont réellement, sans le filtre de ton émotionnel et de ta programmation ou du conditionnement de ton esprit.
- Identifie réellement ton problème. Définis clairement pourquoi c'en est un en posant des mots précis dessus. Ensuite, pose-toi objectivement la question : Est-ce vraiment ça mon problème ou bien est-ce juste le cache

de quelque chose d'autre ? Et si oui, quelle est cette *autre chose* ?

Phase 2 : Décèle aussi les choses positives que t'apporte cette situation. Et il y en a toujours ! Quelques exemples :

- Si ton problème est que ton associé, qui est aussi ton meilleur ami, t'a escroqué et volé, le positif de la situation est que tu as enfin ouvert les yeux sur qui il est réellement.
- Si ton problème est que ta femme vient de te quitter pour un autre, le positif est que cela peut t'amener à te remettre en question et à identifier, analyser puis corriger certains comportements.
- Si ton problème est que l'on vient de te diagnostiquer un cancer, le positif est qu'au moins, maintenant, tu sais précisément ce que tu as. Cela te permet ainsi de passer à la phase "combat", celle qui précède la guérison.

D'une façon générale, chaque problème rencontré nous oblige à sortir de notre zone de confort, ce qui amène de nouvelles prises de conscience, de nouvelles choses apprises, de nouvelles personnes rencontrées, de nouvelles prises de décision… etc. Chacun de ces éléments étant potentiellement porteur de choses positives, à toi de savoir les déceler.

Phase 3 : Qu'importe les difficultés auxquelles tu fais face dans l'instant, vois les choses sous un jour meilleur en créant une vision positive de comment elles pourraient advenir dans le futur.

- Ceux qui résolvent les problèmes avec efficacité voient ce que personne d'autre ne voit et en tirent profit. Ils conçoivent une vision de ce qui pourrait être, un avenir irrésistible et commencent à l'anticiper. N'oublie pas que souvent un problème clairement énoncé est déjà à moitié résolu.

IMPORTANT : La confusion signifie que tu ne comprends pas, que tu ne sais pas. La confusion, c'est la première étape de la solution. Si tu es confus, c'est que tu es à deux doigts d'avoir un déclic. Accueille donc cette confusion avec bienveillance !

Je liste avec objectivité tous les aspects et données de mon challenge. Je vois les choses telles qu'elles sont réellement, et non pas pires qu'elles ne le sont.

_____
_____
_____
_____
_____
_____
_____
_____
_____
_____
_____
_____
_____
_____
_____
_____
_____
_____

J'identifie réellement mon problème et je définis clairement pourquoi c'en est un en posant des mots précis dessus.

_____
_____
_____
_____
_____
_____
_____
_____
_____
_____

Je me pose objectivement la question : Est-ce vraiment ça mon problème ou bien cela cache-t-il quelque chose d'autre ? Et si oui, quoi exactement ?

_____
_____
_____
_____
_____
_____
_____
_____
_____
_____

Quelles sont les choses positives que m'apporte malgré tout cette situation ?

_____
_____
_____
_____
_____
_____
_____
_____
_____
_____
_____
_____
_____
_____
_____
_____
_____
_____
_____
_____
_____
_____

Comment pourrais-je voir les choses sous un jour meilleur ?
Quelles évolutions positives et constructives pourraient advenir pour cette situation ?

_____
_____
_____
_____
_____
_____
_____
_____
_____
_____
_____
_____
_____
_____
_____
_____
_____

« Quand on ne peut revenir en arrière, on ne doit que se préoccuper de la meilleure manière d'aller de l'avant. »

Paulo Coelho

Chapitre 4

4ème étape : Commence la conceptualisation de ton processus de résolution de problème

4ᵉᵐᵉ étape : Commence la conceptualisation de ton processus de résolution de problème

Dans l'étape précédente, tu as créé une vision positive et constructive de comment les choses pourraient advenir dans le futur. Il s'agit maintenant de commencer à conceptualiser ton processus de résolution de problème pour créer les choses selon ta vision. Pour cela, la direction de ton focus est cruciale. Tu ne dois consacrer que 5% de ton temps au problème et 95% à la solution. <u>Une solution qui passe pour la plupart du temps à optimiser ses ressources.</u>

Premièrement, commence par te poser les bonnes questions :

- Est-ce que quelque part sur Terre, par le passé, quelqu'un a déjà expérimenté et solutionné ce même problème avec succès ? (Sur Internet se trouve très probablement cette information, il te suffit d'aller la chercher.) Qui est-ce ?

- Si oui (ce qui est la plupart du temps le cas), comment a-t-il fait ? Quel chemin a-t-il emprunté ? (Là encore, une recherche sur Internet te donnera très probablement cette information.)

- Comment identifier puis modéliser une partie voire l'intégralité de sa solution ?

Après, fais la liste des personnes -physiques et morales- qui pourraient, sous une forme ou une autre, t'apporter une aide éventuelle. Une liste qui varie évidemment en fonction du problème que tu dois gérer. Voici quelques exemples :

- Tes proches avec qui tu pourrais parler de ton problème afin qu'ils te partagent une analyse extérieure de la situation
- Les personnes qui aimeraient t'aider à le solutionner
- Les personnes impactées directement par ton problème et qui ont un intérêt à la résolution de ton problème
- Les personnes qui possèdent des ressources qui pourraient t'aider à le solutionner
- Les personnes qui connaissent des personnes qui pourraient t'aider
- Des professionnels qui pourraient t'apporter leur expertise et/ou leur compétence (ex : médecin, avocat, artisan, plombier, coach, thérapeute... etc.)
- Des sociétés qui pourraient t'apporter leurs produits ou services (ex : société de transport, éditeur de logiciels, laboratoire... etc.)
- Des institutions et administrations publique (ex : police, hôpital, service des impôts...etc.)

Parfois on résout ses problèmes seul mais souvent une aide extérieure est indispensable. Il n'est pas impossible que tu aies besoin de l'aide de certaines personnes de cette liste pour résoudre ton challenge. Tu peux évidemment mettre sur cette liste des gens que tu connais peu ou pas encore mais que tu contacteras si nécessaire. Une liste que tu fais évidemment grandir au fur et à mesure de ta réflexion.

Ensuite, invente et visualise toutes les manières possibles pour solutionner cette situation. Fais-toi un brainstorming -seul ou avec une ou plusieurs des personnes de ta liste- et inventorie toutes les solutions potentielles -même les plus débiles, irréalisables et farfelues- qui te passent par la tête. Dans un premier temps, mets par écrit toutes tes idées brutes et sans aucune censure, tu feras le tri après, et seulement après. Ceci est très important, car <u>en évaluant vraiment toutes les idées sans aucun filtre, tu peux soit finalement trouver qu'une idée en apparence farfelue ne l'est pas tant que ça</u>, ou soit prendre les bases d'une solution irréalisable pour la faire évoluer vers quelque chose de plus efficace qui deviendra à terme la solution que tu recherches.

Et maintenant, une fois que ta liste d'idées de solutions est poussée à son maximum, tu fais le tri : parmi toutes ces idées de solutions, lesquelles peuvent être sérieusement envisagées ?

Parmi toutes ces idées potentielles, sélectionne celles qui te paraissent être les trois meilleures.

Ensuite, face à ces trois solutions potentielles, revois les ressources dont tu disposes déjà et celles dont tu as besoin.

Interroge-toi :

- Pour appliquer cette solution à mon problème, de quelles ressources ai-je besoin ?
- Quelles sont celles dont je dispose déjà ?
- Quelles sont celles dont je peux éventuellement disposer ?
- Quelles sont celles qui me manquent ? Comment pourrais-je les acquérir ?

Des ressources qui peuvent être intimes, internes et/ou externes et qui peuvent prendre différentes formes. Par exemple :

- Une nouvelle manière de voir les choses et/ou de fonctionner
- Plus d'énergie
- Plus de sérénité personnelle
- Du temps
- De l'argent
- Du talent
- Une (ou plusieurs) information(s)
- Des connaissances
- Des compétences
- Une écoute attentive
- Une capacité d'analyse
- Des ressources humaines, des connexions

Important : Tous les grands leaders savent que les ressources ne sont jamais un problème car il existe toujours une façon de les acquérir. Aussi, plus que l'argent, le temps ou les compétences, les ressources ultimes sont les émotions humaines, notamment l'envie, la créativité, la certitude, la détermination, la flexibilité, la passion, la compassion et la vision.

Identifie les avantages et les inconvénients de chacune des trois solutions.

Enfin, avec cette visibilité nouvelle décide laquelle de ces trois solutions tu vas choisir, celle que tu juges la plus adaptée pour la résolution de ton challenge.

Existe-t-il quelqu'un qui, quelque part, par le passé, a expérimenté et solutionné avec succès la même situation que j'expérimente aujourd'hui ? (Sur Internet se trouve très probablement la réponse à cette question, il te suffit d'aller la chercher.) Qui est-ce ?

_____
_____
_____

Si oui (ce qui est la plupart du temps le cas), comment a-t-il fait ? Quel chemin a-t-il emprunté ? (Là encore, une recherche sur Internet te donnera très probablement cette information.)

_____
_____
_____
_____
_____
_____
_____
_____
_____

Comment puis-je modéliser une partie voire l'intégralité de sa solution ?

_____
_____
_____
_____
_____

Je fais la liste de toutes les personnes qui pourraient, sous une forme ou sous une autre, m'apporter une aide éventuelle :

J'invente et je visualise toutes les manières possibles pour solutionner cette situation : je fais un brainstorming -seul ou avec une ou plusieurs des personnes de ma liste- et j'inventorie toutes les solutions potentielles, même les plus débiles et irréalisables. Pour le moment, je mets toutes mes idées brutes et sans aucune censure, je ferai le tri après.

C'est maintenant le moment de faire le tri : parmi toutes ces idées de solutions, lesquelles peuvent être sérieusement envisagées ? Pourquoi ?

_____
_____
_____
_____
_____
_____
_____
_____
_____
_____
_____
_____
_____
_____
_____
_____

Je sélectionne les trois solutions les plus envisageables :

_____
_____
_____

Pour chacune des trois solutions potentielles retenues, revois les ressources dont tu disposes déjà et celles dont tu as besoin. Interroge-toi :

- *Solution potentielle numéro **1** :*

Pour appliquer cette solution à mon problème, de quelles ressources ai-je besoin ?

_____
_____
_____
_____
_____
_____

Quelles sont celles dont je dispose déjà ?

_____
_____
_____
_____
_____

Quelles sont celles dont je peux éventuellement disposer ?

_____
_____
_____
_____
_____

Quelles sont celles qui me manquent ? Comment pourrais-je les acquérir ?

_____
_____
_____
_____
_____
_____

Quels sont les **avantages** si je choisis d'appliquer cette solution ? Pourquoi ?

_____
_____
_____
_____
_____
_____

Quels sont les **inconvénients** si je choisis d'appliquer cette solution ? Pourquoi ?

_____
_____
_____
_____
_____
_____

- *Solution potentielle numéro **2** :*

Pour appliquer cette solution à mon problème, de quelles ressources ai-je besoin ?

_____
_____
_____
_____
_____
_____
_____

Quelles sont celles dont je dispose déjà ?

_____
_____
_____
_____
_____
_____

Quelles sont celles dont je peux éventuellement disposer ?

_____
_____
_____
_____

Quelles sont celles qui me manquent ? Comment pourrais-je les acquérir ?

_____
_____
_____
_____
_____
_____

Quels sont les **avantages** si je choisis d'appliquer cette solution ? Pourquoi ?

_____
_____
_____
_____
_____
_____

Quels sont les **inconvénients** si je choisis d'appliquer cette solution ? Pourquoi ?

_____
_____
_____
_____
_____
_____

- *Solution potentielle numéro **3** :*

Pour appliquer cette solution à mon problème, de quelles ressources ai-je besoin ?

_____
_____
_____
_____
_____
_____
_____

Quelles sont celles dont je dispose déjà ?

_____
_____
_____
_____
_____
_____

Quelles sont celles dont je peux éventuellement disposer ?

_____
_____
_____
_____
_____
_____
_____

Quelles sont celles qui me manquent ? Comment pourrais-je les acquérir ?

_____
_____
_____
_____
_____
_____

Quels sont les **avantages** si je choisis d'appliquer cette solution ? Pourquoi ?

_____
_____
_____
_____
_____
_____

Quels sont les **inconvénients** si je choisis d'appliquer cette solution ? Pourquoi ?

_____
_____
_____
_____
_____
_____

Et maintenant, en fonction de tous ces éléments, quelle est la solution prioritaire que je choisis, celle que je juge la plus adaptée ? Pourquoi ?

_____
_____
_____
_____
_____
_____
_____
_____
_____
_____
_____
_____
_____
_____
_____
_____

_____

« Il n'est aucun problème humain qui ne puisse trouver sa solution puisque cette solution est en nous. »

Alfred Sauvy

_____

Chapitre 5

5ème étape : Passe à l'action de manière massive !

5ème étape : Passe à l'action de manière massive !

Si tu as suivi correctement le processus, tu as maintenant une meilleure visibilité sur la situation, les ressources dont tu disposes, les solutions potentielles qui existent et tu as décidé de celle que tu vas utiliser pour solutionner ta problématique. Maintenant, si tu veux des résultats, il faut les provoquer et il va donc te falloir <u>passer à l'action de manière massive</u>. Voici les cinq phases pour un passage à l'action efficace :

<u>1/ Dresse la liste de toutes les actions à envisager.</u>

- Lesquelles sont les plus importantes ?
- Lesquelles sont les plus urgentes ?
- Lesquelles sont indispensables ? Pourquoi ?

<u>2/ Évalue s'il existe un timing ou un agenda particulier</u> que tu dois prendre en compte afin de maximiser l'impact et l'efficacité de tes actions.

Dans toutes choses, le timing est primordial et faire la bonne chose au mauvais moment, équivaut à faire la mauvaise chose. En conséquence, et paradoxalement, pour certaines situations, passer à l'action signifie être patient et attendre le bon moment afin de produire le meilleur résultat possible.

<u>3/ Mets-toi ensuite dans un état d'énergie physique et émotionnel optimal.</u>

N'oublie pas que la qualité de tes actions sera -de très loin- plus importante que la quantité de celles-ci. Ton état physique et émotionnel étant crucial pour réussir ce que tu veux réaliser, mets-toi donc en conditions optimales. Si tu le décides, tu peux changer ton état en un instant ! Les clefs pour cela sont :

- Un focus axé sur les solutions > Pense à ton ''Pourquoi''.
- Un état d'esprit constructif > Mets une musique entraînante qui positive ton état d'esprit !
- Une bonne hydratation > Bois un très grand verre d'eau.
- Une série de respirations profondes > Sors et prends un grand bol d'air frais.
- Un corps plus énergétique et réactif > Fais 10 minutes de trampoline ou va faire un footing.
- Une bonne nutrition > Reprends le contrôle de ton alimentation en éliminant la junk food et en mangeant beaucoup plus de légumes verts.

4/ Passe à l'action en faisant les premières démarches. Les premiers pas, aussi petits soient-ils, enclenchent une dynamique. Cela peut être un simple coup fil, un mail ou encore une recherche sur Internet, peu importe mais passe à l'action de suite !

Ne sois pas impressionné par un éventuel long chemin à parcourir et garde en tête cette sagesse de Lao Tseu : « Un voyage de 1 000 lieues commence toujours par un premier pas ! »

5/ Enfin, indépendamment des difficultés et des claques que tu vas imparablement prendre, continue à agir, amplifie le mouvement et commence à produire des résultats.

Quelle est la solution prioritaire que j'envisage pour solutionner mon problème ? (voir l'étape précédente)
_____
_____
_____

Quelle est la liste de toutes les actions à engager ? Lesquelles sont importantes ? Lesquelles sont urgentes ? Est-il préférable de les accomplir dans un ordre particulier ? Si oui, lequel ? Pourquoi ?
_____
_____
_____
_____
_____
_____
_____
_____
_____
_____
_____
_____
_____
_____
_____
_____
_____

Existe-t-il un timing ou un agenda particulier que je dois prendre en compte afin de maximiser mes actions ? Si oui, lequel ? Pourquoi ?

_____
_____
_____
_____

Quelles actions puis-je entreprendre pour optimiser mon énergie physique et émotionnelle ?

_____
_____
_____
_____
_____
_____
_____

Quelles sont les premières démarches que je vais entreprendre <u>dès aujourd'hui</u> pour enclencher la dynamique ?

_____
_____
_____
_____
_____
_____
_____
_____

Quelles sont les prochaines actions et démarches qui vont suivre et que je peux commencer à anticiper dès maintenant ?

_____
_____
_____
_____
_____
_____
_____
_____
_____
_____
_____
_____
_____
_____

Et maintenant, action !

_____

« Certains veulent que ça arrive, d'autres aimeraient que ça arrive et d'autres font que ça arrive. »

Michael Jordan

Chapitre 6

6ème étape : Identifie les résultats obtenus et ajuste en permanence ton approche jusqu'à obtenir les résultats recherchés

6ème étape : Identifie les résultats obtenus et ajuste en permanence ton approche jusqu'à obtenir les résultats recherchés

Imparablement, si tu passes à l'action, tu obtiendras des résultats. Toutefois, ne t'attends pas à ce que toutes tes actions t'apportent toujours les résultats que tu espères. Certaines seront couronnées de succès. D'autres t'apporteront des résultats inattendus mais très positifs. D'autres t'offriront des résultats plus mitigés. Et certaines des actions que tu vas engendrer vont même, pour plusieurs d'entre elles, t'apporter une pure perte de temps voire t'occasionner d'autres problèmes supplémentaires que tu devras aussi gérer. C'est ainsi, ça fait partie du processus.

Alors si certains résultats ne correspondent pas à tes attentes, n'y sois pas émotionnellement attaché. Ne les vois pas comme des échecs mais au contraire comme des apprentissages et des panneaux indicateurs qui te permettront d'ajuster tes actions à venir.

Au final, n'oublie pas que c'est toi qui es aux commandes de ta vie et que c'est à toi que revient la responsabilité d'encaisser les gains et les leçons de ces premiers résultats pour, littéralement, piloter avec efficacité cette 6ème étape du processus de résolution de problème. Et comme toute chose que l'on pilote, il y a un juste équilibre à trouver, spécifique à chaque situation. Un mélange subtil d'art, de science, d'expérience et de technique.

Pour t'aider à gérer avec succès cette étape cruciale, voici le fil conducteur que je t'invite à suivre :

- Observe et analyse les premiers résultats obtenus.
- Apprends les leçons que t'offrent ces résultats.

- Évolue dans ton approche en testant d'autres choses et/ou en testant les mêmes choses mais d'une manière différente.

- Adapte-toi aux différentes situations et challenges qui adviennent.

- Valorise ce qui marche.

- Reste ouvert et flexible.

- Amplifie le processus en augmentant tant la quantité que la qualité des actions menées.

N'oublie pas, l'échec n'existe pas, seuls les résultats existent. En fonction de ce que tu apprends de ces premiers éléments, garde un état d'esprit positif et continue à agir massivement. Réévalue les nouveaux résultats en ajustant ton approche jusqu'à obtenir les résultats que tu souhaites.

Garde aussi en tête que certains problèmes ne se résolvent pas en une nuit et qu'il est souvent indispensable d'avoir une vision à long terme. N'oublie pas ton "Pourquoi" et reste concentré et déterminé !

Quelles sont les actions que j'ai enclenchées ?
_____
_____
_____
_____
_____

Quels en ont été les premiers résultats ?

Qu'est-ce qu'il y a de positif dans ces résultats ? Quels éléments nouveaux apportent-ils ? Me rapprochent-ils de la solution ? Qu'ai-je compris grâce à eux ?

_____
_____
_____
_____
_____
_____
_____
_____
_____
_____
_____
_____

Comment évoluer dans mon approche en testant d'autres choses et/ou en testant les mêmes choses mais d'une manière différente ?

_____
_____
_____
_____
_____
_____
_____

Suite à ces actions, quels sont les nouveaux challenges auxquels je suis confronté ? Que dois-je faire pour les gérer efficacement ?

_____
_____
_____
_____
_____
_____
_____
_____
_____
_____
_____

Comment puis-je valoriser ce qui marche pour en optimiser encore plus les résultats ?

_____
_____
_____
_____
_____
_____
_____
_____

Qu'est-ce que j'apprends de ces situations et comment puis-je utiliser ce que j'apprends pour me rapprocher encore plus de la résolution de mon problème ?

_____
_____
_____
_____
_____
_____
_____
_____
_____
_____
_____

Quelles sont les prochaines actions que je vais entreprendre ?

_____
_____
_____
_____
_____
_____
_____
_____
_____

Afin d'obtenir des résultats encore plus nombreux et qualitatifs, comment puis-je augmenter la quantité mais aussi -et surtout- la qualité des actions que j'entreprends ?

_____
_____
_____
_____
_____
_____
_____
_____
_____
_____
_____
_____

IMPORTANT : Il te faut maintenant **renouveler l'étape 6** autant de fois que nécessaire jusqu'à la résolution de ton problème.

_____

« Il n'y a qu'une façon d'échouer, c'est d'abandonner avant d'avoir réussi ! »

Olivier Lockert

_____

Chapitre 7

7ème étape : Accueille avec bonheur tes succès mais accepte aussi ce qui ne peut pas être changé en utilisant l'émotion engendrée comme un levier pour ta vie

7ème étape : Accueille avec bonheur tes succès mais accepte aussi ce qui ne peut pas être changé en utilisant l'émotion engendrée comme un levier pour ta vie

Nous arrivons au terme de notre conversation et avant toute chose, je voudrais te féliciter pour avoir suivi ce processus de résolution de problème jusqu'au bout. J'espère que ce processus t'a été utile d'une manière ou d'une autre. Si c'est le cas, n'hésite pas à le faire connaître autour de toi et à mettre un avis positif sur les librairies en ligne telles que cultura.fr, fnac.com ou encore Amazon.fr (En plus d'aider les futurs lecteurs à faire leur choix, les commentaires excitent les algorithmes des plateformes qui, en retour, offrent une meilleure visibilité au livre). Aussi, si tu as des questions, des remarques ou des commentaires à faire, n'hésite pas non plus à prendre quelques minutes pour m'envoyer directement un message :

www.geraldvignaud.com/livre-contact

Toutefois, avant de nous quitter, je voudrais te parler dans cette dernière étape de certains problèmes, certaines situations qui adviennent parfois dans la vie et qui sont aussi douloureuses qu'insolubles. Je pense par exemple à des choses telles que l'amour de sa vie qui s'éloigne de façon irréversible, la perte de l'usage de ses jambes ou encore le décès d'un proche qui nous est très cher.

Je crois profondément qu'à chaque problème existe une solution. Mais je crois aussi que parfois, cette solution, c'est d'accepter le fait qu'il n'en existe pas et qu'il faut en conséquence apprendre à vivre avec une situation donnée. Dans la vie, personne n'évite la douleur ; et lorsque cela t'arrive, deux options s'offrent à toi : soit tu la supportes, soit tu la transformes. Chaque épreuve, chaque souffrance peut aussi apporter quelque chose de formidable.

C'est d'ailleurs pour cela que dans la vie, ce sont bien souvent les gens les plus positifs qui ont rencontré le plus de problèmes et ont le plus souffert.

Ce n'est évidemment pas ce qu'il y a de plus simple, mais lorsque tu es confronté à une situation douloureuse et insoluble, la solution est de décider de l'accepter. D'apprendre à lâcher prise et à utiliser la puissante émotion engendrée comme un levier pour ta vie.

« Parfois, l'homme doit tout simplement accepter le destin et porter sa croix »

Viktor Frankl

Et c'est de cette dernière chose dont je voudrais maintenant te parler. Si le problème que tu expérimentes aujourd'hui fait partie de la catégorie ''insoluble'', fais en sorte que sa conséquence te soit constructive en transformant la douleur ressentie en un puissant levier qui te donnera la force nécessaire pour mettre ta vie et ta contribution au monde à un niveau supérieur.

Pour conclure, je voudrais te partager cette citation d'Albert Einstein avec laquelle je suis personnellement 100% d'accord et sur laquelle je te laisse méditer : « **Aucun problème ne peut être résolu sans changer le niveau de conscience à cause duquel il a été engendré.** »

Et si c'était d'ailleurs finalement ça le but ultime de la vie :

Accéder aux niveaux de conscience supérieurs ?

Du même auteur

L'école c'est important mais l'éducation c'est primordial !

———

Les 15 choses essentielles à la réussite que tu n'apprendras pourtant jamais à l'école

Ce livre part d'un constat : ceux qui réussissent le plus à l'école ne sont paradoxalement pas ceux qui réussissent le mieux dans la vie. Et si, pour réussir, il y avait des choses indispensables à savoir et qui ne sont pas enseignées à l'école ?

Réfléchir par soi-même, apprendre à bien se connaitre, développer sa différence, communiquer efficacement, maximiser ses relations avec les autres, avoir une nutrition optimale, être en excellente santé, vivre ses passions, trouver un sens à sa vie, gérer efficacement son temps, utiliser les meilleures stratégies, rester intègre, résoudre ses problèmes, gagner et gérer de l'argent, développer une vision à long terme, réaliser ses objectifs, comprendre le monde et son évolution, prendre conscience des grands défis écologiques du 21ème siècle, s'engager, construire le futur… Cet ouvrage est bien plus qu'un simple livre de développement personnel, c'est un véritable manuel pour autodidacte. Il te donnera les clefs essentielles pour non seulement réussir dans la vie, mais aussi -et surtout- réussir ta vie. Car au final, le succès sans l'épanouissement personnel n'est-il pas l'échec ultime ?

À mi-chemin entre la boite à outils et le journal intime, ''L'école c'est important mais l'éducation c'est primordial !'' est un guide intemporel et unique au monde. Il te partagera les clefs et les ressources qui te permettront de reprendre le contrôle de ta vie pour lui offrir le niveau de réussite et d'épanouissement qu'elle mérite.

L'école c'est important mais l'éducation c'est primordial !

620 pages – 24,95€

À propos de l'auteur

Diplômé par Anthony Robbins de la "Business Mastery" ainsi que de la prestigieuse "Mastery University", Gérald Vignaud s'est notamment accompli lors d'une carrière exceptionnelle dans le marketing de réseau en devenant *Senior Vice President* de l'une des plus importantes compagnies de l'industrie. Devenu un expert reconnu de celle-ci, Gérald a formé et coaché des dizaines de milliers de personnes.

Coach en développement personnel, il enseigne depuis toujours que la clef du succès et, plus important encore, de l'accomplissement personnel passe imparablement par l'acceptation de soi en assumant et en travaillant sur sa différence, son facteur X.

Expert en transformation personnelle, son premier client fut lui-même. Toxicomane pendant presque 10 ans, Gérald a su prendre des décisions et passer à l'action. Il a mis en application les stratégies qu'il enseigne désormais pour sortir de la drogue et propulser sa vie vers une réussite personnelle et professionnelle exceptionnelle.

Depuis plusieurs années, il a inspiré, conseillé et travaillé avec de nombreuses personnes de toutes catégories sociales/professionnelles parmi lesquelles des travailleurs indépendants, des dirigeants d'entreprise, des sportifs de haut niveau, des hommes politiques ou encore des personnalités.

Consultant en entreprise, Gérald comprend et possède les clefs et stratégies pour aider les sociétés de tous secteurs d'activité à se réinventer. Il les aide à se redynamiser pour les réorienter vers les résultats plus positifs et plus stables qu'elles désirent.

Conférencier reconnu, Gérald intervient régulièrement devant des salles allant de 100 à 15 000 personnes et a notamment partagé la scène avec des personnalités tel que Chris Widener, Darren Hardy ou encore Donald J. Trump.

Interviewer et voyageur passionné, Gérald a écouté et a appris des milliers de personnes qu'il a rencontrées au cours de sa vie.

Entrepreneur iconoclaste, Gérald est le fondateur et le CEO de different.land, une plateforme de développement personnel unique au monde. Elle est axée sur l'idée que les trois clefs majeures pour créer un meilleur futur sont l'éducation, l'écologie et une technologie saine, et qu'elles sont toutes les trois interconnectées entre elles. Le site different.land a pour vocation de contribuer à instruire, à inspirer et à faire grandir une nouvelle génération de Leaders. Celle qui aura la charge de construire un indispensable monde meilleur pour demain, celui que nous laisserons à nos enfants.

Authentique amoureux de la Nature, Gérald est notamment le co-fondateur de l'association SOS Océan. Elle a pour mission d'informer, de faire comprendre les challenges qui menacent nos mers et océans ainsi que d'agir pour tenter de les préserver. D'une manière plus générale, Gérald milite aussi pour une meilleure gestion des ressources et un plus grand respect pour les écosystèmes de notre planète.

Véritable "Learning Junkie" Gérald cherche en permanence à apprendre, à se réinventer et à mettre dans sa vie la barre toujours plus haut.

Gérald a pour mission de contribuer à construire les générations présentes et futures en aidant les gens à développer leurs différences et à démultiplier leurs valeurs personnelle, professionnelle et financière.

Si vous désirez que Gérald Vignaud intervienne lors de votre événement, contactez-nous directement via le site :

geraldvignaud.com

« Si le problème a une solution, il ne sert à rien de s'inquiéter. Mais s'il n'en a pas, alors s'inquiéter ne change rien. »

Proverbe Tibétain